Glamour stylisch

Werden Sie zum Designer Ihrer stylischen Accessoires! Denn wer im Trend liegt und ausgefallenen Schmuck liebt, kreiert sich diesen selbst.

Aus wunderschön in allen Farben schillernden, exquisiten Kristall-Schliffperlen von Swarovski® und mehr können Sie angesagte Schmuckstücke dank genauer Anleitungen und exakter Skizzen ganz leicht selber machen. Und wenn Sie möchten, variieren Sie die im Buch gezeigten Farbkombinationen und passen sie Ihrem Outfit an.

Mit Handyschmuck, Haarspange,
...ne
...hen
...orgen

...ces-
soires natürlich auch wunderbar – vorausgesetzt, Sie können sich von ihnen trennen ...

Setzen Sie sich in Szene und werden Sie kreativ!

Die Motive lassen sich in folgende Schwierigkeitsgrade unterteilen:

● ○ ○ einfach ● ● ○ etwas schwieriger ● ● ● anspruchsvoll

LEGENDE

Am häufigsten verwendete Perlen:

- Swarovski®-Kristall-Schliffperle, ø 4 mm
- Swarovski®-Kristall-Schliffperle, ø 6 mm
- Swarovski®-Kristall-Schliffperle, ø 8 mm
- Swarovski®-Kristall-Würfel, 8 mm x 8 mm
- Swarovski®-Kristallperle, ø 4 mm
- Swarovski®-Kristallperle, ø 6 mm
- Swarovski-Kristall-Blüte, ø 6 mm
- Glasschliff-Perle, ø 3 mm
- Glasschliff-Perle, ø 4 mm
- Glasschliff-Perle, ø 6 mm
- Quetschperle
- Strassstein, ø 4 mm
- Glasstift, ø 2 mm, 2 cm lang
- Glasschliff-Radl, ø 6,3 mm
- Glasschliff-Olive, 6 mm x 4 mm
- Rocaille, ø 2 mm

Die wichtigsten Materialien

Kristall-Schliffperlen von Swarovski®

Kristall-Schliffperlen bestechen durch ihre klaren, wunderschönen Farben und ihren präzisen Schliff. Für die gezeigten Schmuckstücke werden verschiedene Formen verwendet.

Glasschliff-Perlen

Glasschliff-Perlen werden in verschiedenen Größen, Farben und Formen verwendet. Sie sind gelüstert, das heißt, sie schimmern regenbogenartig.

Strasssteine

Strasssteine zum Aufnähen, ø 4 mm, werden für einige Modelle verwendet.

Kunststoffummantelter Schmuckdraht

Kunststoffummantelter Stahldraht, ø 0,4 mm, wird in verschiedenen Farben angeboten.

Nylonfaden

Nylonfaden, ø 0, 25 mm, wird häufig benötigt.

Quetschperlen

Quetschperlen sind Metallperlen, die mit einer Flachzange zusammengedrückt werden und so Nylonfaden und Schmuckdraht einklemmen. Sie sind silber-und goldfarben erhältlich. Sie werden zum Anbringen von Verschlüssen und Fixieren einzelner Perlen verwendet.

Quetschkalotten

Quetschkalotten in Silber und Gold werden zum Anbringen von Verschlüssen verwendet.

Ringel

Ringel, oval oder rund, sind in Silber und Gold erhältlich .

Broschennadeln

Broschennadeln werden in Gold und Silber und in verschiedenen Größen angeboten.

Hilfsmittel

Karabiner

Karabiner sind in unterschiedlichen Formen im Fachhandel erhältlich.

Prismenstifte

Prismenstifte sind Drahtstifte, die auf einer Seite ein flaches Köpfchen haben. Sie sind in Silber, Gold und verschiedenen Längen erhältlich.

Kettelstifte

Kettelstifte sind Drahtstifte, die auf einer Seite eine kleine Öse haben. Sie sind in Silber, Gold und verschiedenen Längen erhältlich.

Die benötigten Hilfsmittel werden in den einzelnen Materiallisten nicht nochmals aufgeführt.

Moosgummiplatte

Eine Moosgummiplatte als Arbeitsunterlage verhindert das Wegspringen der Perlen.

Alleskleber

Mit Alleskleber die verknoteten Nylonfäden sparsam betupfen und dadurch zusätzlich sichern.

Schmuckkleber

Schmuckkleber wird nur für starre Verbindungen eingesetzt, z. B. für das Anbringen von Broschennadeln oder das Aufkleben von Ohrringen. Auf eine fettfreie Klebefläche achten. Eventuell mit einem mit wenig Lösungsmittel (z. B. Nagellackentferner) benetztem Wattestäbchen reinigen. Verklebte Schmuckstücke über Nacht trocknen lassen.

Nähnadel

Nähnadel zum Aufnähen der Schmuckelemente.

Schere

Sehr kleine, spitze Schere zum Kürzen des Nylonfadens.

Pinzette

Eine schmale, gerade und möglichst spitze Pinzette ist immer da eine große Hilfe, wo die Finger nicht mehr dazwischen kommen.

Kneifzange

Kleine Kneifzange zum Durchtrennen von Schmuckdraht.

Flachzange

Eine schmale Flachzange zum Zusammendrücken von Quetschperlen und Quetschkalotten.

Rundzange

Eine Rundzange, um Ösen selber zu biegen.

Zahnstocher

Zum gezielten Anbringen von Klebstoff.

Tipps: Achten Sie bei Rocailles auf das Waschbarkeits-Symbol. Nicht waschbare Perlen verlieren durch das Tragen und den Hautkontakt ihre Farbe.

Zu allen Schmuckstücken finden Sie Fädelskizzen und farbige Skizzen, aus welchen die Farben der verwendeten Perlen ersichtlich werden.

Benützen Sie keinen Sekundenkleber, da der Nylonfaden sonst brüchig wird!

Sie sollten sich unbedingt an die Größenangaben der Perlen halten, damit die Schmuckstücke gelingen.

Die Farben der Schmuckstücke können Sie nach Ihrem Geschmack abändern.

So wird's gemacht

Fixieren von Perlen

Auf Schmuckdraht oder Nylonfaden eine Quetschperle, eine Schmuckperle und eine weitere Quetschperle fädeln. In der gewünschten Position die Quetschperle mit der Flachzange kräftig zusammendrücken.

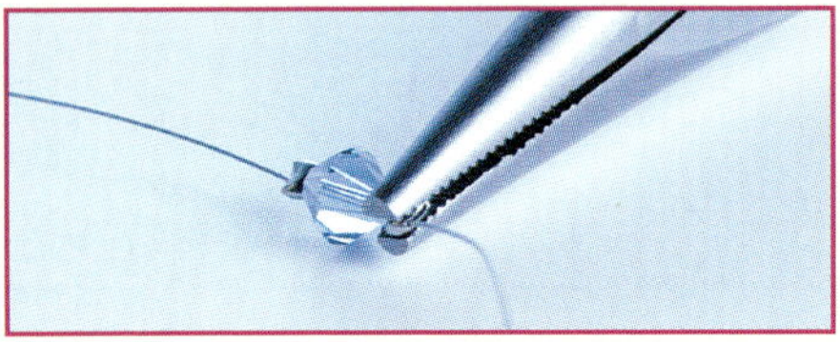

Fädeln auf Nylonfaden

Die Fädeltechniken werden bei den einzelnen Modellen genau und mit Skizzen beschrieben. Die Fäden werden häufig durch eine Perle gekreuzt, dies bedeutet, dass die beiden Fadenenden in entgegengesetzter Richtung durch eine Perle geführt werden.

Wichtig: Beim Fädeln unbedingt auf gute Fadenspannung achten!

Bei Ringen zur Stabilisierung die Ringschiene nochmals zurückfädeln.

Bei allen Fädelarbeiten die Fäden an einer unauffälligen Stelle miteinander verknoten. Mithilfe eines Zahnstochers Alleskleber auf den Knoten geben, dann nochmals verknoten. Den Knoten möglichst in eine Perle ziehen, dann die überstehenden Fadenenden abschneiden.

Statt zu knoten können Sie die Fäden so lange durch die Perlen im Muster verweben, bis sie fest sitzen. Eine sehr elegante, aber etwas mühevolle Arbeit.

Hinweis: Um die Skizzen übersichtlich zu machen, werden die im Arbeitsschritt neu hinzukommenden Perlen dunkler als die bereits aufgefädelten Perlen dargestellt.

Moderne Ringe

→ schnell gemacht

MATERIAL

RING IN FUCHSIA

- Ringschiene mit Motivkessel, 2 cm x 2 cm
- 2 Swarovski®-Perlen in Feuerrot, ø 4 mm
- 2 Swarovski®-Perlen in Feuerrot, ø 6 mm
- 8 Swarovski®-Perlen in Fuchsia, ø 6 mm
- Swarovski®-Kristall-Würfel, 8 mm x 8 mm

RING IN LAGUNE

- Ringschiene mit Motivkessel, 2 cm x 2 cm
- 10 Swarovski®-Perlen in Lagune, ø 6 mm
- 2 Strasssteine zum Aufnähen in Kristall, ø 4 mm
- Swarovski®-Kristall-Würfel, 8 mm x 8 mm

1 Den fettfreien Motivkessel ca. 1 mm hoch satt mit Schmuckkleber auffüllen.

2 Die Swarovski®-Perlen und die Strasssteine gemäß Abbildung und Farbskizzen mithilfe einer Pinzette einlegen. Bitte die Hinweise zu Schmuckkleber auf Seite 3 beachten.

3 Die Ringe so lagern, dass die Klebefläche eben liegt und den Schmuckkleber über Nacht austrocknen lassen.

Ring in Fuchsia

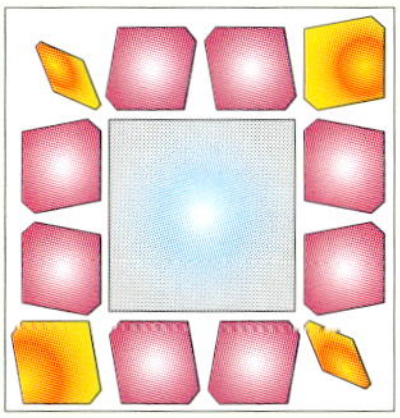

Ring in Lagune

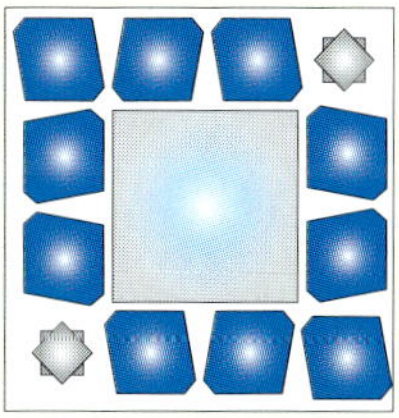

Kugelkette

→ außergewöhnlich

MATERIAL

- 30 Swarovski®-Perlen in Klassikrot, ø 6 mm
- 30 Swarovski®-Perlen in Rosa Chiffon, ø 6 mm
- Swarovski®-Kristall-Würfel, 8 mm x 8 mm
- 2 Swarovski®-Kristall-Würfel, 4 mm x 4 mm
- 6 Quetschperlen in Silber, ø 1,8 mm
- Schmuckdraht in Silber, ø 0,4 mm, 92 cm lang
- Nylonfaden, ø 0,25 mm, 2 x ca. 1 m lang

1 Jede Kugel besteht aus 30 Swarovski®-Perlen.

2 Fünf Swarovski®-Perlen auf einen Nylonfaden aufnehmen. Durch die mit Pfeil markierte Swarovski®-Perle kreuzen, dann die Arbeit in die Mitte des Fadens ziehen (Abb. 1).

3 Bei mäßiger Fadenspannung weitere Swarovski®-Perlen aufnehmen und gemäß Abb. 2 und 3 weiterfädeln. Dann die Fäden wie auf Seite 4 beschrieben verknoten und vernähen.

4 Die Kugeln an einem ca. 45 cm und einem 47 cm langen Stück Schmuckdraht befestigen. Dazu auf ein Drahtende eine Quetschperle aufnehmen und dieses durch eine beliebige Swarovski®-Perle der Kugel ziehen. Zur Schlaufe legen, durch die Quetschperle zurückführen und diese zusammendrücken. Einen kleinen Swarovski®-Kristall-Würfel und eine Quetschperle aufziehen und auch diese fixieren.

5 Mit einer Quetschperle beide Drähte gemäß Abbildung 2 cm vor den Drahtenden zusammenfassen. Den großen Swarovski®-Kristall-Würfel und eine weitere Quetschperle aufnehmen und fixieren. Die überstehenden Drahtenden hinter der Quetschperle abzwicken.

Abb. 1

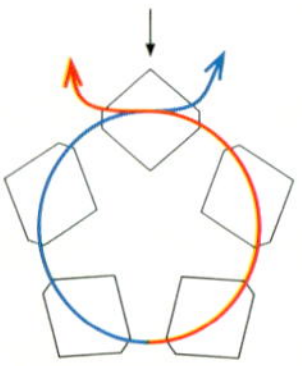

Abb. 2

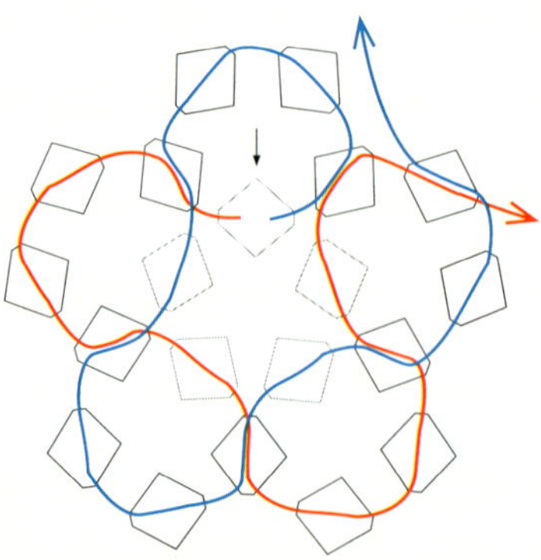

Abb. 3

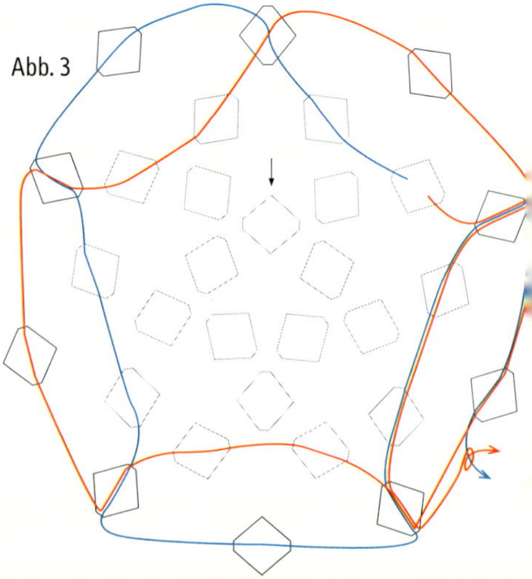

Abb. 1

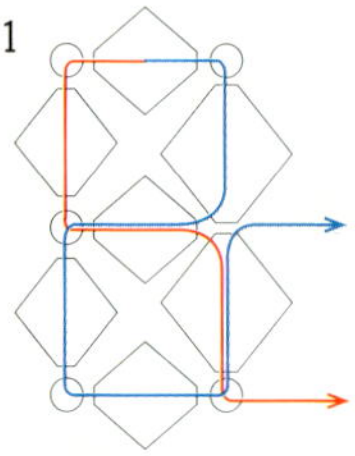

Abb. 2

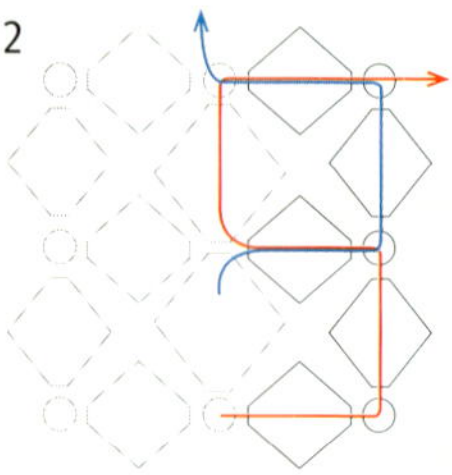

Abb. 3

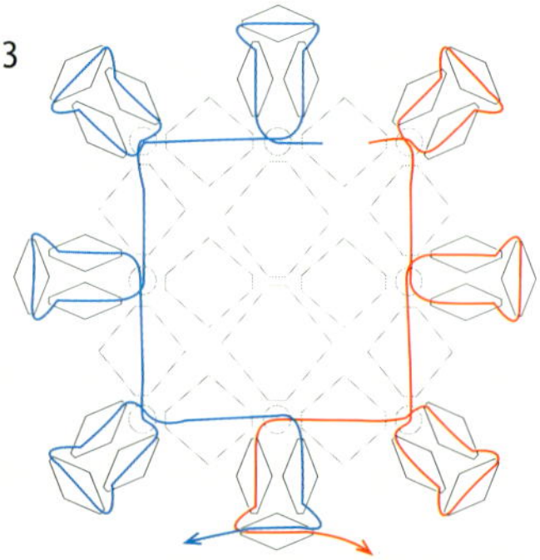

Stern-Anhänger

→ vielseitig verwendbar

MATERIAL ANHÄNGER IN GELB

- 3 Swarovski®-Perlen in Jade, ø 8 mm
- 2 Swarovski®-Perlen in Russisch Grün, ø 6 mm
- 8 Swarovski®-Perlen in Hell Topas, ø 6 mm
- 24 Swarovski®-Perlen in Hell Topas, ø 4 mm
- 8 Rocailles in Blutstein, ø 2 mm
- 2 Quetschperlen in Silber, ø 1,8 mm
- Nylonfaden, ø 0,25 mm, ca. 1 m lang
- Schmuckdraht in Silber, ø 0,4 mm, ca. 15 cm lang
- Karabiner in Silber, 4 cm lang

ANHÄNGER IN ROT

- 2 Swarovski®-Perlen in Klassikrot, ø 8 mm
- 2 Swarovski®-Perlen in Granat, ø 6 mm
- 8 Swarovski®-Perlen in Mondstein, ø 6 mm
- 16 Swarovski®-Perlen in Fuchsia, ø 4 mm
- 8 Swarovski®-Perlen in Mondstein, ø 4 mm
- 8 Rocailles in Silber, ø 2 mm
- Glasschliff-Perle in Bergkristall, ø 4 mm
- 2 Quetschperlen in Silber, ø 1,8 mm
- Nylonfaden, ø 0,25 mm, ca. 1 m lang
- Schmuckdraht in Silber, ø 0,4 mm, ca. 15 cm lang
- Karabiner in Silber, 4 cm lang

1 Eine Rocaille, eine Swarovski®-Perle (ø 6 mm), eine Rocaille, eine Swarovski®-Perle (ø 6 mm), eine Rocaille, eine Swarovski®-Perle (ø 8 mm) aufnehmen und durch eine weitere Swarovski®-Perle (ø 6 mm) die Fäden kreuzen. Arbeit in die Mitte des Fadens ziehen (Abb. 1).

2 Den einen Faden (blau dargestellt) durch die als erstes aufgenommene Rocaille weiterführen. Auf diesen Faden eine Swarovski®-Perle (ø 6 mm), eine Rocaille, eine Swarovski®-Perle (ø 6 mm) und eine Rocaille fädeln. Durch Kreuzen der beiden Fäden in einer weiteren aufgenommenen Swarovski®-Perle (ø 8 mm) die Richtung wechseln. Den rot dargestellten Faden durch die anschließende Rocaille fädeln (Abb. 1).

3 Auf diesen Faden eine Swarovski®-Perle (ø 6 mm), eine Rocaille, eine Swarovski®-Perle (ø 6 mm) und eine Rocaille aufnehmen und die Fäden in einer weiteren aufgenommenen Swarovski®-Perle (ø 6 mm) kreuzen. Den blau dargestellten Faden durch die anschließende Rocaille weiterführen. Auf diesen Faden eine Swarovski®-Perle (ø 6 mm) und eine Rocaille aufnehmen und beide Fäden durch eine weitere aufgenommene Swarovski®-Perle (ø 6 mm) kreuzen. Beide Fäden durch die jeweils anschließende Rocaille weiterführen (Abb. 2).

4 Gemäß Abbildung 3 die restlichen Swarovski®-Perlen (ø 4 mm) in Kreisfädelung als Spitzen auffädeln. Arbeit wie auf Seite 4 beschrieben abschließen.

5 Auf den Schmuckdraht eine Quetschperle aufnehmen und gemäß Abbildung und Farbskizze durch die Swarovski®-Perle der oberen Zacken-

Stern-Anhänger

spitze führen. Zur Schlaufe legen, durch die Quetschperle zurückführen und diese zusammendrücken. Eine Swarovski®-Perle (ø 8 mm) bzw. eine Glasschliff-Perle und eine Quetschperle aufziehen. Das Drahtende durch den Karabiner führen, zur Schlaufe legen und durch die Quetschperle zurückfädeln. Diese zusammendrücken und die überstehenden Drahtenden abzwicken.

Tipp: Ganz stylisch sind Sie, wenn Sie diesen Anhänger an Ihrer Handtasche anbringen.

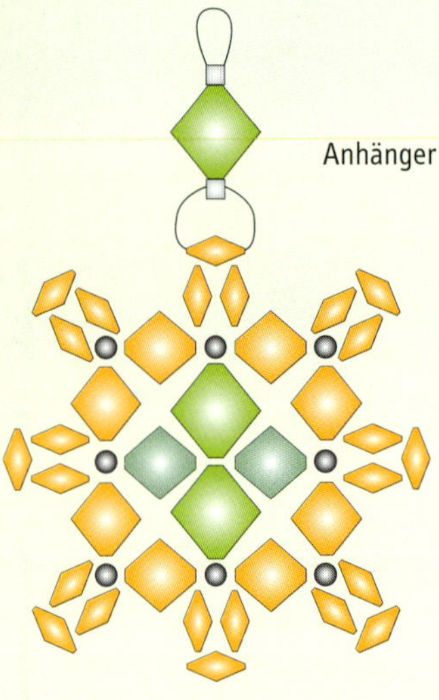

Anhänger in Gelb

Anhänger in Rot

Stoffblumen

→ ein modisches Muss

MATERIAL ANSTECK-BLUME

- Veloursleder-Imitat in Hellgrün, ca. A4
- 5 Swarovski®-Perlen in Obsidian, ø 4 mm
- 15 Swarovski®-Perlen in Lichtgelb, ø 4 mm
- 5 runde Swarovski®-Kristall-Perlen, ø 4 mm
- 20 Rocailles in Rosa, ø 2 mm
- Anstecknadel in Silber oder Gold, 25 mm lang
- Nylonfaden, ø 0,25 mm, ca. 1 m lang

BLUME AN HAARGUMMI

- Veloursleder-Imitat in Rot, ca. A4
- 4 Glasschliff-Perlen in Onyx, ø 6 mm
- 8 Swarovski®-Perlen in Fuchsia, ø 4 mm
- 8 Rocailles in Rosa, ø 2 mm
- 17 transparente Glasstifte in Altrosa, ø 2 mm, 2 mm lang
- Strassstein zum Aufnähen in Kristall, ø 4 mm
- Haargummi in Schwarz
- Nylonfaden, ø 0,25 mm, ca. 1 m lang

WEITERFÜHRUNG

Stoffblumen

Ansteckblume

1 Die Blume von Seite 13 abpausen, viermal auf den Stoff übertragen und ausschneiden.

2 Fünf Swarovski®-Perlen in Obsidian aufnehmen, durch zwei Perlen kreuzen und die Arbeit in die Mitte des Fadens schieben (Abb. 1).

3 Rocailles und Swarovski®-Perlen in Lichtgelb durch Kreisfädelungen einarbeiten (Abb. 2).

4 Weitere Rocailles, Swarovski®-Perlen in Lichtgelb und die runden Swarovski®-Kristall-Perlen einarbeiten (Abb. 3).

5 Mit dem übrig gebliebenen Nylonfaden die Blütenmitte aus Perlen auf die versetzt übereinander gelegten Stoffblumen nähen. Dann die Blume an die Broschennadel nähen, anschließend die Fäden vernähen und abschneiden.

Blume an Haargummi

1 Die Blume von Seite 13 abpausen, viermal auf den Stoff übertragen und anschließend ausschneiden.

2 Eine Rocaille, eine Glasschliff-Perle, eine Rocaille, eine Glasschliff-Perle, eine Rocaille, eine Glasschliff-Perle, eine Rocaille auffädeln und die Fäden durch eine weitere Glasschliff-Perle kreuzen. Arbeit in die Mitte des Fadens ziehen. Auf jeden Faden eine Swarovski®-Perle aufnehmen, durch

Abb. 1

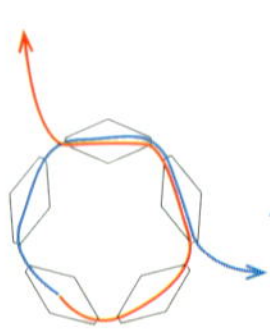

Abb. 2

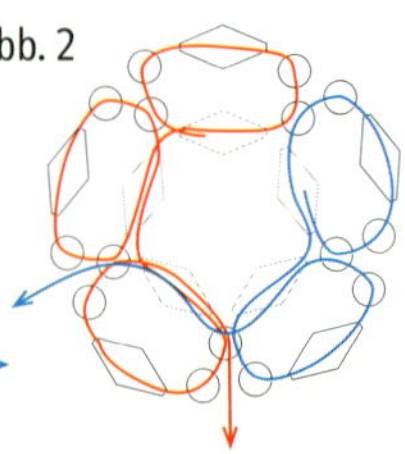

Abb. 3

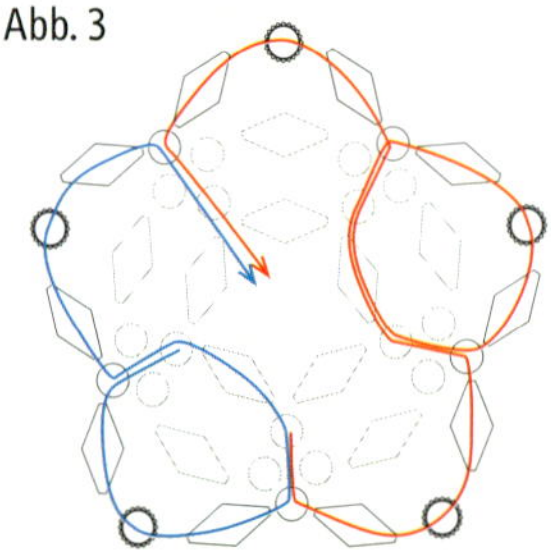

den Strassstein kreuzen und wieder auf jeden Faden eine Swarovski®-Perle aufziehen. Fäden durch die mit Pfeil markierte Glasschliff-Perle und die daneben liegenden Rocailles kreuzen (Abb. 1).

3 Auf den blau dargestellten Faden fünf Glasstifte, eine Swarovski®-Perle und eine Rocaille aufziehen und durch die Swarovski®-Perle und die Glasstifte zurückfädeln.

4 Durch die Rocaille, die Glasschliff-Perle und die folgende Rocaille fädeln. Drei Glasstifte, eine Swarovski®-Perle und eine Rocaille aufnehmen und durch die Swarovski®-Perle, die Glasstifte und die Rocaille zurückfädeln. Mit dem anderen Faden analog in Gegenrichtung arbeiten. Hier werden einmal vier und einmal fünf Glasstifte eingearbeitet (Abb. 2).

5 Mit dem übrig gebliebenen Nylonfaden die Blütenmitte aus Perlen auf die versetzt übereinander gelegten Stoffblumen nähen. Dann die Blüte an das Haargummi nähen, Fäden vernähen und abschneiden.

Tipp: Verwenden Sie für die Blumen nur Stoff, der nicht ausfranst (z. B. Alkantara). Sie können die Blume auch aus Wildleder zuschneiden.

Wenn Sie den Blütenblättern ein wenig Struktur geben möchten, können Sie das mithilfe von Sprühstärke. Nach dem Ausschneiden die einzelnen Blätter von vorne und hinten satt einsprühen und über einen Tischtennisball oder Ähnliches pressen. Mit Aluminiumfolie fixieren und über Nacht durchtrocknen lassen.

Abb. 1

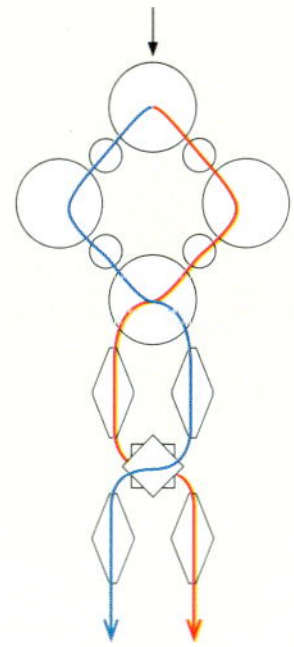

Abb. 2

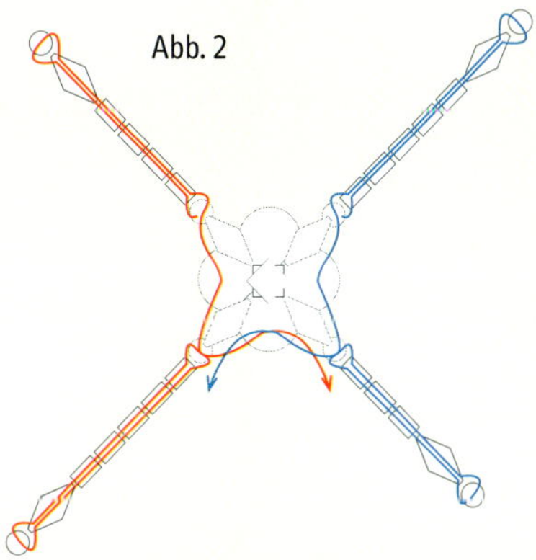

Ansteckblume

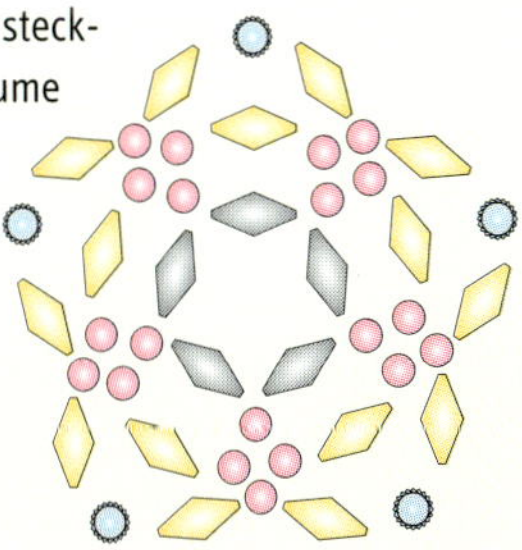

Blume an Haargummi

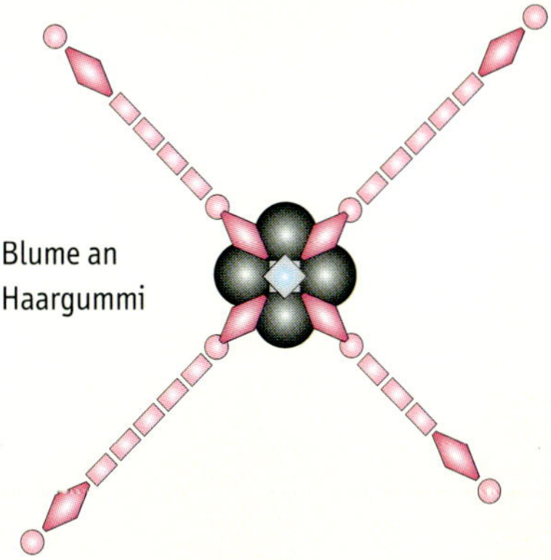

MATERIAL BROSCHE

- 4 Swarovski®-Perlen in Rosa Chiffon, ø 4 mm
- 16 Swarovski®-Perlen in Fuchsia, ø 4 mm
- 8 Swarovski®-Perlen in Granat, ø 6 mm
- 24 Glasschliff-Oliven in Amethyst, 6 mm x 4 mm
- 8 Glasschliff-Perlen in Rubin, ø 3 mm
- Rocaille in Rot, ø 2 mm
- Broschennadel in Silber, 2 cm lang
- Nylonfaden, ø 0,25 mm, ca. 1 m lang

GÜRTEL

- 3 Streifen aus Velourslederimitat in Rot, ca. 4 mm breit, ca. 1,50 m lang (selbst zugeschnitten) oder Wildleder- oder Satinbänder
- 4 Swarovski®-Perlen in Rosa Chiffon, ø 8 mm
- 2 Swarovski®-Perlen in Granat, ø 8 mm
- 2 Verbinder in Silber, 2 mm lang
- Feder in Rot, ca. 10-15 cm lang
- Feder in Rosa, ca. 10-15 cm lang

Brosche

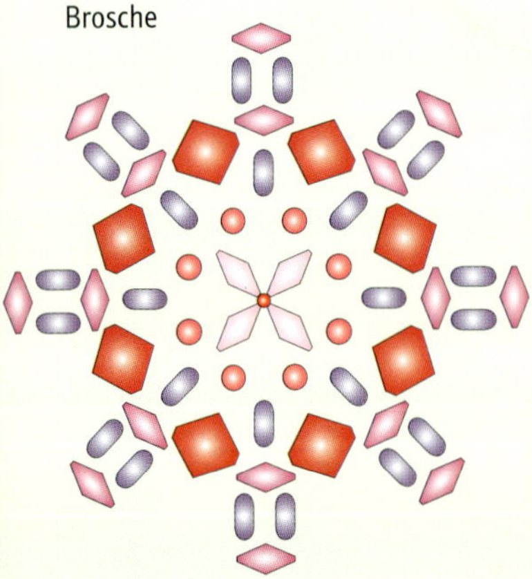

Gürtel mit Brosche

→ **wandelbares und angesagtes Accessoire**

1 Für die Brosche acht rubinfarbene Glasschliff-Perlen auffädeln und durch zwei davon kreuzen. Arbeit in die Mitte des Fadens ziehen (Abb. 1).

2 Glasschliff-Oliven und granatfarbene Swarovski®-Perlen (ø 6 mm) in Kreisfädelung aufnehmen (Abb. 2).

3 Weitere Glasschliff-Oliven und kleine Swarovski®-Perlen in Kreisfädelung aufnehmen und den Faden durch die in Schritt 2 bereits eingearbeiteten Swarovski®-Perlen weiterführen. Die Fäden so im Muster zurückführen, dass sie durch zwei Glasschliff-Perlen des inneren Kringels austreten (Abb. 3).

4 Auf jeden Faden eine rosa Swarovski®-Perle aufnehmen. Fäden durch eine Rocaille kreuzen und wieder auf jeden Faden eine rosa Swarovski®-Perle aufnehmen. Durch die zwei mit Pfeil markierten Glasschliff-Perlen die Fäden kreuzen und somit die Blüte als Mittelpunkt der Brosche fixieren (Abb. 4). Arbeit abschließen (siehe Seite 4).

5 Die Broschennadel mit Schmuckkleber auf die Rückseite kleben. Dazu die Klebehinweise auf Seite 3 beachten.

6 Für den Gürtel die großen Swarovski®-Perlen (ø 8 mm) unregelmäßig auf die Enden der Stoffsteifen ziehen und jeweils mit einem einfachen Knoten unter der Perle sichern. Dazu ein Stück Nylonfaden um den Stoffstreifen legen. Beide Enden des Nylonfadens durch das Loch der Perle führen und so den Stoffstreifen mit dem Nylonfaden durchziehen.

7 Den Kiel der Federn in einen Verbinder kleben. Durch die Öse des Verbinders das Ende eines Stoffbandes ziehen. Einen halben Zentimeter hochklappen und mit Alleskleber oder mit Stoffkleber festkleben. Nach dem Trocknen den Gürtel um die Taille legen, die Enden zur Schleife knüpfen und die Brosche anstecken.

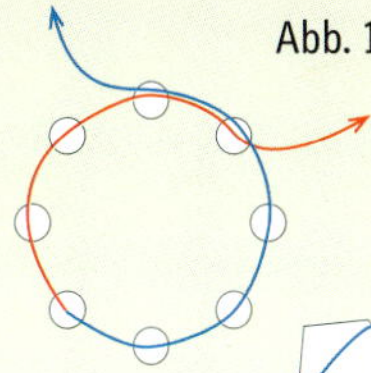
Abb. 1

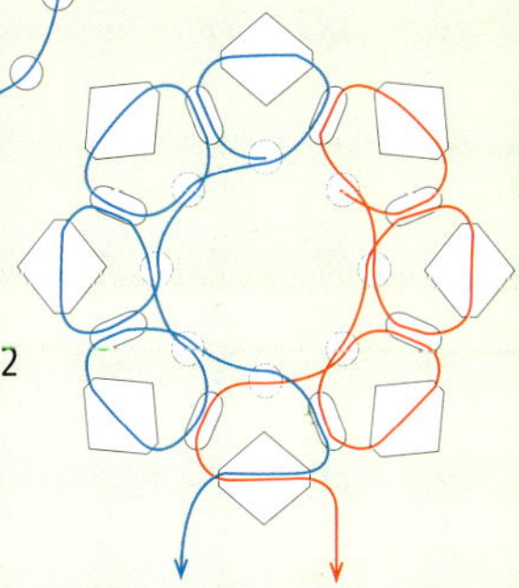
Abb. 2

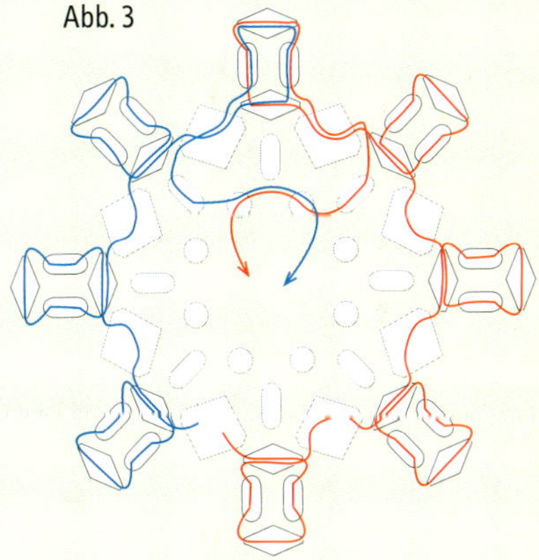
Abb. 3

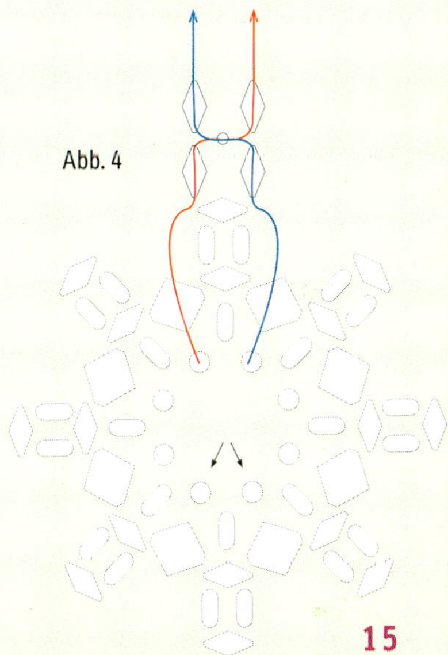
Abb. 4

Brosche und Ohrstecker

→ in Eisfarben

MATERIAL BROSCHE

- 20 Swarovski®-Perlen in Ultrablau, ø 6 mm
- 15 Swarovski®-Perlen in Lagune, ø 4 mm
- 10 Glasschliff-Perlen in Bergkristall, ø 3 mm
- 10 Rocailles in Türkis, ø 2 mm
- 4 Rocailles in Silber, ø 2 mm
- runde Swarovski®-Kristall-Perle, ø 6 mm
- Broschennadel in Silber, 25 mm lang
- Nylonfaden, ø 0,25 mm, ca. 1 m lang

OHRSTECKER

- 40 Swarovski®-Perlen in Ultrablau, ø 4 mm
- 50 Rocailles in Türkis, ø 2 mm
- 20 Rocailles in Silber, ø 2 mm
- 2 runde Swarovski®-Kristall-Perlen, ø 4 mm
- 2 Ohrstecker in Silber, ø Klebefläche zwischen 3-5 mm
- Nylonfaden, ø 0,25 mm, 2 x ca. 1 m lang

Brosche

1 Neun Glasschliff-Perlen aufziehen und die Fäden durch eine zehnte kreuzen. Arbeit in die Mitte des Fadens ziehen. Auf jeden Faden eine Rocaille in Silber fädeln, auf beide Fäden die Swarovski®-Kristall-Perle fädeln, auf jeden Faden eine Rocaille in Silber aufziehen. Die Fäden durch die mit Pfeil markierte Glasschliff-Perle kreuzen (Abb. 1).

2 Die kleinen Swarovski®-Perlen einarbeiten (Abb. 2).

3 Die türkisfarbenen Rocailles und die großen Swarovski®-Perlen auffädeln, dabei auf gute Fadenspannung achten (Abb. 3). Die Fäden gemäß der Anleitung auf Seite 4 vernähen, das ergibt Stabilität.

4 Auf die Rückseite der Brosche die Broschennadel kleben (siehe hierzu Seite 3).

Ohrstecker

1 Neun türkisfarbene Rocailles aufziehen und die Fäden durch eine zehnte kreuzen. Arbeit in die Mitte des Fadens ziehen. Beide Fäden durch die Swarovski®-Kristall-Perle ziehen, dann durch die mit Pfeil markierte Rocaille kreuzen (Abb. 1).

2 Weitere Rocailles in Türkis einarbeiten (Abb. 2).

3 Rocailles in Silber und Swarovski®-Perlen aufnehmen und einarbeiten, dabei auf gute Fadenspannung achten (Abb. 3). Die Fäden vernähen (siehe Seite 4), das ergibt Stabilität.

4 Auf die Rückseite den Ohrstecker kleben (siehe auch Seite 3). Den zweiten Ohrstecker genauso arbeiten.

Abb. 1

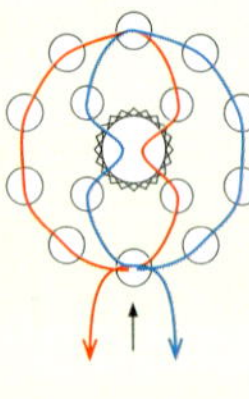

Abb. 2

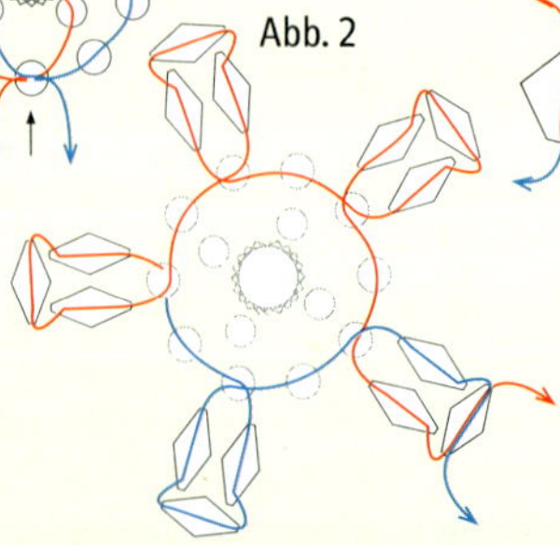

Abb. 3

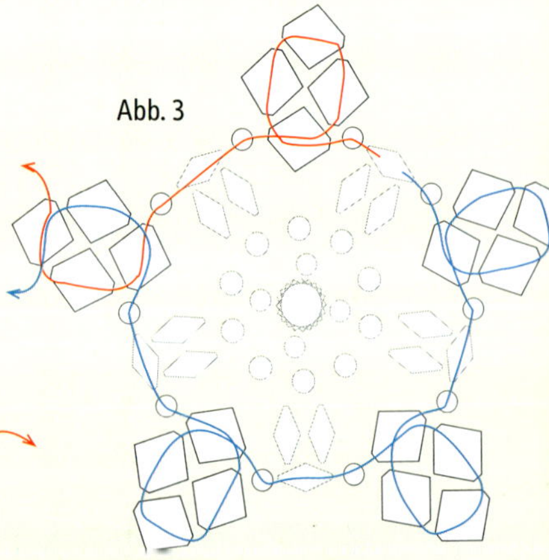

Abb. 1

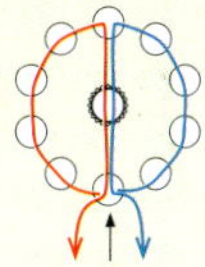

Abb. 2

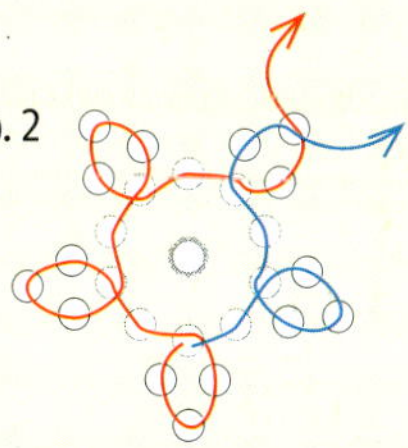

Abb. 3

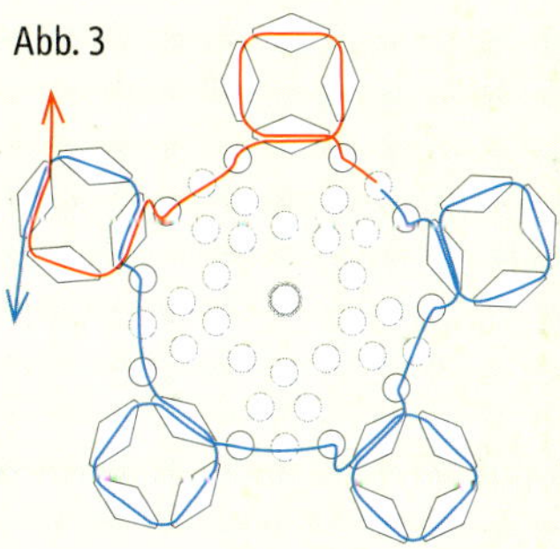

Ohrstecker

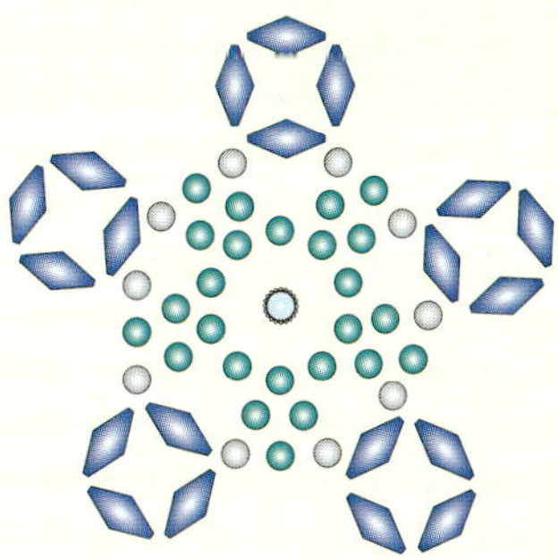

Brosche

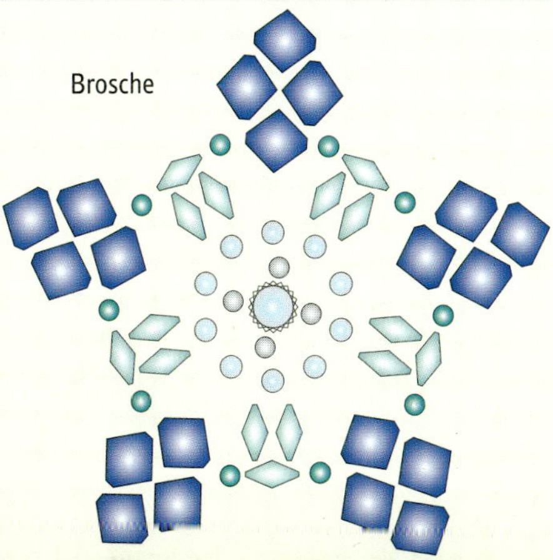

Fruchtige Kombination

→ in Beerenfarben

MATERIAL OHRRINGE

- 14 Swarovski®-Perlen in Rosa Chiffon, ø 6 mm
- 28 Glasschliff-Perlen in Rubin, ø 6 mm
- 14 ovale Ringel in Silber, ø 0,8 mm
- 42 Prismenstifte in Silber, 25 mm x 0,8 mm
- 2 Ohrhänger in Silber

RING

- Swarovski®-Perle in Rosa Chiffon, ø 6 mm
- 6 Swarovski®-Perlen in Rosa Chiffon, ø 4 mm
- 4 Glasschliff-Radl in Rubin, 6 mm x 3 mm
- ca. 6-8 Glasschliff-Oliven in Rubin, 6 mm x 4 mm
- ca. 28-36 Glasschliff-Perlen in Rubin, ø 3 mm
- Nylonfaden, ø 0,25 mm, ca. 1 m lang

Traubenohrringe

1 Die sieben Ringel durch Auf- und Zubiegen zur Kette ineinander hängen und dann in den Ohrhänger hängen (Abb. 1).

2 Jede Glasschliff-Perle und jede Swarovski®-Perle einzeln auf einen Prismenstift stecken. Diesen so weit kürzen, dass aus dem Rest gerade noch eine kleine Öse mit der Rundzange gebogen werden kann (Abb. 2).

3 Durch behutsames Auf- und Zubiegen dieser Ösen zwei Glasschliff-Perlen und eine Swarovski®-Perle in jeden Ringel einhängen.

Ring

1 Eine Glasschliff-Perle, eine kleine Swarovski®-Perle und eine Glasschliff-Perle aufreihen und die Fäden durch eine Glasschliff-Olive kreuzen. Arbeitsstück in die Mitte des Fadens ziehen.

2 Auf jedes Fadenende ein Glasschliff-Radl, eine kleine Swarovski®-Perle und eine Glasschliff-Perle auffädeln.

3 Die Fäden durch eine Glasschliff-Perle, eine große Swarovski®-Perle und eine Glasschliff-Perle kreuzen. Nochmals durch die neben der kleinen Swarovski®-Perle liegenden Glasschliff-Perlen fädeln.

4 Auf jedes Fadenende eine kleine Swarovski®-Perle und ein Glasschliff-Radl aufnehmen und die Fäden durch eine Olive kreuzen.

5 Auf jeden Faden eine Glasschliff-Perle aufnehmen und die Fäden durch eine kleine Swarovski®-Perle kreuzen.

6 Ringschiene ausarbeiten. Dazu auf jeden Faden immer zwei Glasschliff-Perlen aufziehen und durch eine Glasschliff-Olive kreuzen. Wenn die Ringschiene die richtige Größe hat, die Fäden durch die mit Pfeil markierte Swarovski®-Perle kreuzen und den Ring fertig stellen (siehe Seite 4).

Ohrringe

Abb. 1

Abb. 2

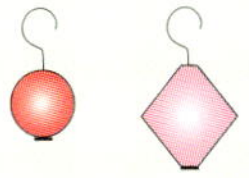

Ring

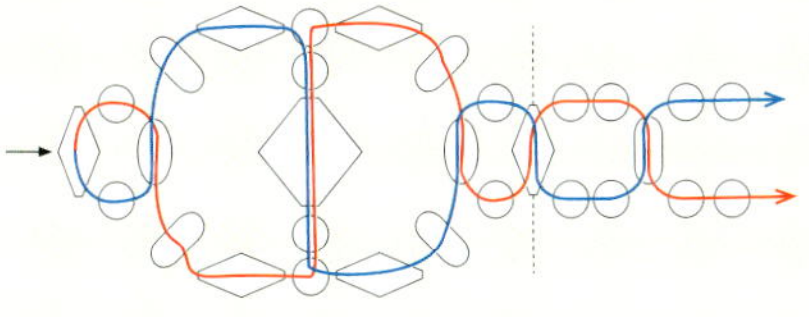

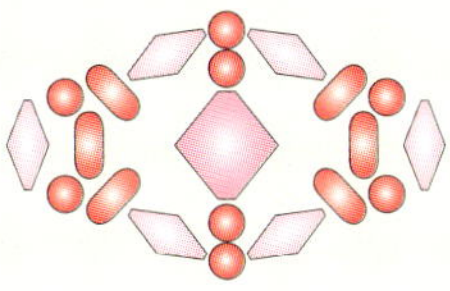

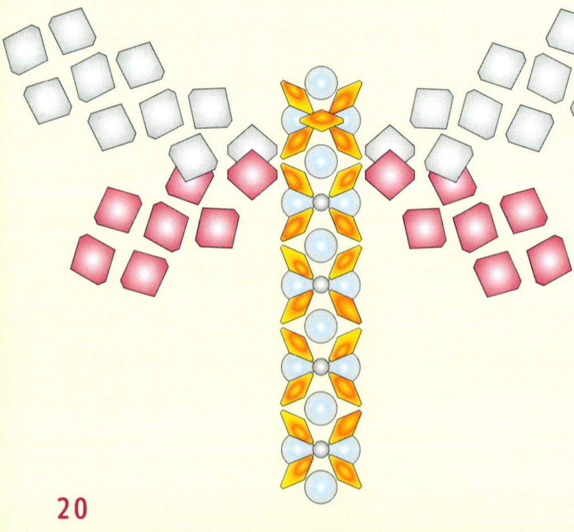

Abb. 1

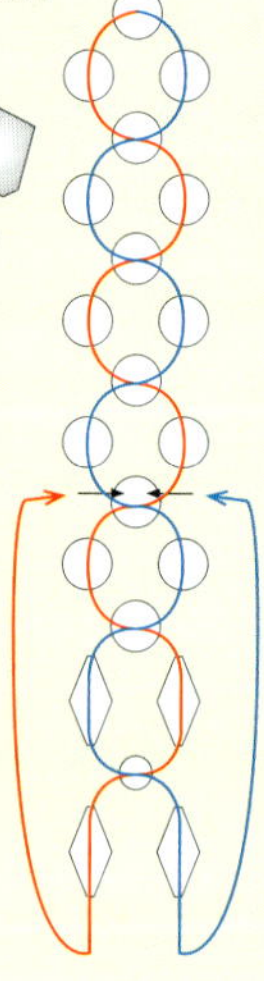

Abb. 2

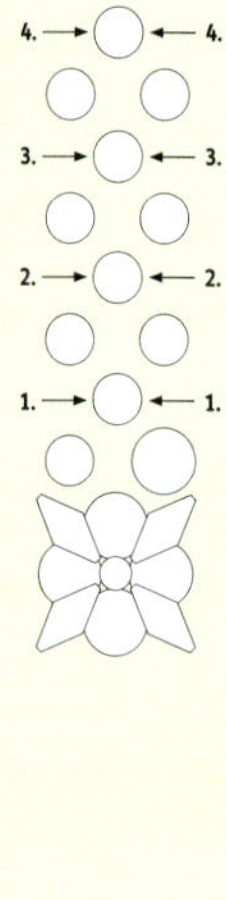

Haarspange

→ schillernde Libelle

MATERIAL

- 16 Glasschliff-Perlen in Bergkristall, ø 4 mm
- 21 Swarovski®-Perlen in Feuerrot, ø 4 mm
- 20 Swarovski®-Perlen in Mondstein, ø 6 mm
- 14 Swarovski®-Perlen in Fuchsia, ø 6 mm
- 4 Rocailles in Silber, ø 2 mm
- Silberdraht, ø 0,3 mm, 2 x ca. 40 cm lang
- Nylonfaden, ø 0,25 mm, ca. 1 m lang
- Haarspange in Silber, 30 mm lang

Abb. 3

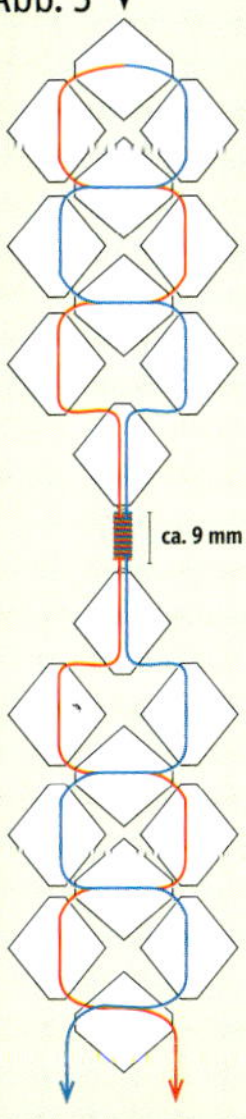

Abb. 4

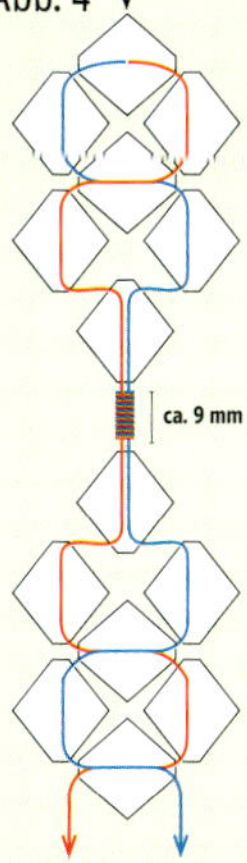

1 Für die Unterseite des Körpers auf den Nylonfaden drei Glasschliff-Perlen fädeln und durch eine vierte kreuzen. Alles in die Mitte des Fadens schieben. Auf jedes Fadenende eine Glasschliff-Perle aufnehmen und durch eine weitere kreuzen. Diesen Arbeitsschritt noch dreimal wiederholen.

2 Auf jeden Faden eine feuerrote Swarovski®-Perle aufziehen. Fäden durch eine Rocaille kreuzen und auf jedes Fadenende eine weitere Swarovski®-Perle aufnehmen. Fäden durch die mit Pfeil markierte Glasschliff-Perle kreuzen (Abb.1).

3 Auf jeden Faden eine Swarovski®-Perle aufziehen. Fäden durch eine Rocaille kreuzen und auf jedes Fadenende eine weitere Swarovski®-Perle aufnehmen. Fäden durch die mit Pfeil 1 markierte Glasschliff-Perle kreuzen. Diesen Arbeitsschritt zweimal wiederholen und dabei durch die mit Pfeil 2 bzw. mit Pfeil 3 markierten Glasschliff-Perlen kreuzen. Auf jeden Faden eine Swarovski®-Perle aufziehen. Fäden durch eine Swarovski®-Perle kreuzen und auf jedes Fadenende eine weitere Swarovski®-Perle aufnehmen. Fäden durch die mit Pfeil 4 markierte Glasschliff-Perle kreuzen (Abb. 2). Gemäß Seite 4 die Arbeit fertig stellen.

4 Jedes Flügelpaar auf ein ca. 40 cm langes Stück Silberdraht fädeln. Die als erste aufgenommene Swarovski®-Perle, durch Pfeil gekennzeichnet, muss mittig liegen (Abb. 3).

5 Zwischen den Flügeln den Draht wie eine Kordel zusammendrehen, dann weiterfädeln. Nach Beenden der Fädelarbeit den Draht im Muster bis zur Mitte zurückführen, um die Kordel wickeln und abzwicken.

6 Die Libelle mit Schmuckkleber auf die Haarspange kleben. Die Flügelpaare dabei zwischen Körper und Spange legen. Ihre Position ist in Abb. 2 mit Pfeil 3 markiert. Zum Kleben siehe Seite 3.

Tipp: Die Libelle sieht auch als Brosche sehr apart aus. Kleben Sie hierfür mit Schmuckkleber auf ihre Rückseite eine Broschennadel.

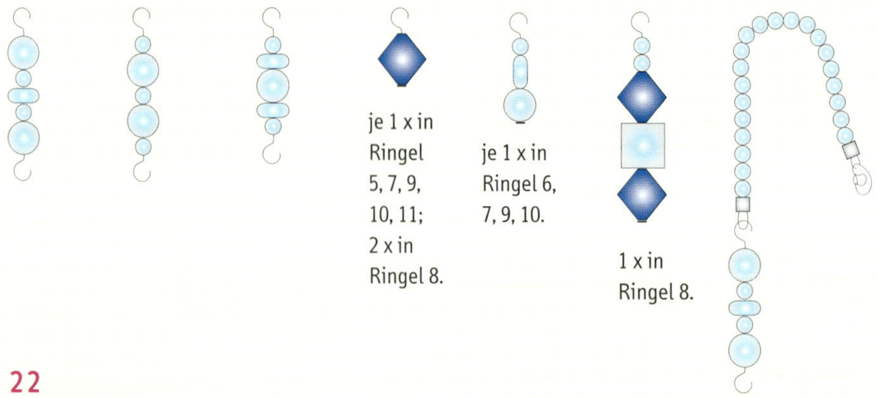

A — B — C — Abb. 1 — Abb. 2 — Abb. 3 — Verschluss

Abb. 1: je 1 x in Ringel 5, 7, 9, 10, 11; 2 x in Ringel 8.

Abb. 2: je 1 x in Ringel 6, 7, 9, 10.

Abb. 3: 1 x in Ringel 8.

Gürtelkette

→ up to date

1 Glasschliff-Perlen achtmal im Muster A, achtmal im Muster B und siebenmal im Muster C auf die Kettelstifte reihen und mit einer Rundzange jedes Stiftende zu einer kleinen Öse biegen.

2 Für den Verschluss auf ein 15 cm langes Stück Schmuckdraht eine Quetschperle ziehen und dieses durch die Öse eines Kettelstiftes (Muster A) ziehen. Draht zur kleinen Schlaufe formen, durch die Quetschperle zurückfädeln und diese zusammendrücken. Auf den Schmuckdraht 21 Glasschliff-Perlen (ø 4 mm) und eine Quetschperle ziehen. Durch die Öse des Karabinerverschlusses fädeln, das Drahtende zur Schlaufe formen und durch die Quetschperle zurückfädeln. Quetschperle fixieren.

3 In die andere Öse des Kettelstiftes einen Ringel einhängen und in diesen wiederum einen Kettelstift (Muster B) einhängen.

4 Die Hauptkette besteht von einem bis zum anderen Ende aus 16 Kettelstiften, welche immer mit einem Ringel verbunden sind. Musterverlauf: ABCABCABCABCABCA.

5 In den letzten Kettelstift Schmuckdraht und Verschluss einarbeiten, wie in Schritt 2 beschrieben.

6 Die kurze Kette genauso aus 7 Kettelstiften und 6 Ösen arbeiten. Musterverlauf: BCABCAB.

7 Die kurze Kette in die dritte und 10. Öse der Hauptkette einhängen.

8 Einzelne Anhänger aus Prismenstiften, Swarovski®-Perlen und verschiedenen Glasschliff-Perlen gemäß Abbildung 1 – 3 herstellen. Die Prismenstifte so kürzen, dass aus dem Rest gerade noch eine kleine Öse gebogen werden kann. Fertige Anhänger in die entsprechenden Ringel einhängen.

MATERIAL

- 10 Swarovski®-Perlen in Nachtblau, ø 6 mm
- Swarovski® Kristall-Würfel, 6 mm x 6 mm
- 102 Glasschliff-Perlen in Bergkristall, ø 4 mm
- 43 Glasschliff-Perlen in Bergkristall, ø 6 mm
- 22 Glasschliff-Radl in Bergkristall, 6 mm x 3 mm
- 4 Glasschliff-Oliven in Bergkristall, 6 mm x 4 mm
- 23 Kettelstifte in Silber, 35 mm x 0,8 mm
- 13 Prismenstifte in Silber, 40 mm x 0,8 mm
- 21 runde Ringel in Silber, ø 7 mm
- 4 Quetschperlen in Silber, ø 1,8 mm
- Schmuckdraht in Silber, ø 0,4 mm, 2 x ca. 15 cm lang
- 2 Karabinerverschlüsse in Silber, 13 mm lang

Bettelarmband

→ ein Klassiker

MATERIAL

- 12 Swarovski®-Perlen in Nachtblau, ø 4 mm
- 12 Swarovski®-Perlen in Azurblau, ø 4 mm
- 8 Swarovski®-Perlen in Royalblau, ø 4 mm
- 4 Swarovski®-Perlen in Nachtblau, ø 6 mm
- 4 Swarovski®-Perlen in Azurblau, ø 6 mm
- 2 Swarovski®-Perlen in Nachtblau, ø 8 mm
- 2 Swarovski®-Perlen in Azurblau, ø 8 mm
- 2 Swarovski®-Kristall-Herzen, 10,3 mm x 10 mm
- 2 Swarovski®-Kristall-Kreuze, 20 mm x 16 mm
- 12 Kettelstifte in Silber, 35 mm x 0,8 mm
- 20 ovale Ringel in Silber, ø 0,8 mm
- 8 Handarbeitsösen in Silber, ø 8 mm
- Karabinerverschluss in Silber, 13 mm lang

1 Die Swarovski®-Perlen gemäß Skizze auf die Kettelstifte reihen und die Enden mit der Rundzange zu kleinen Ösen biegen.

2 Die Ösen der Kettelstifte durch Ringel mit den Handarbeitsösen verbinden. Dann je zwei Handarbeitsösen mit einem Ringel verbinden. In diese Verbindungsringel die Anhänger einhängen.

3 Für die Anhänger gemäß Skizze große Swarovski®-Perlen auf die Kettelstifte fädeln. Mit einer Rundzange eine große Öse biegen und das Kreuz bzw. Herz behutsam einhängen. Die kleinen Ösen der Kettelstifte aufbiegen und so die Anhänger einhängen. Dann die Ösen wieder zubiegen.

4 Den Verschluss mit einem Ringel in der letzten Handarbeitsöse einhängen und auch hier einen Anhänger anbringen.

Tipp: Diese Beschreibung wirkt durch die vielen verschiedenen Ösen etwas verwirrend. Orientieren Sie sich deshalb hauptsächlich an der Skizze.

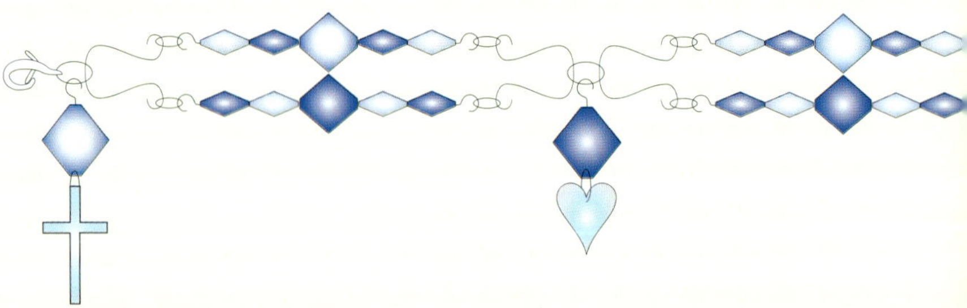

Abb. 1

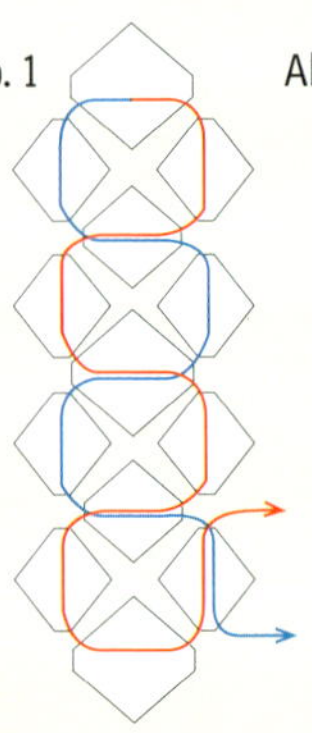

Abb. 2

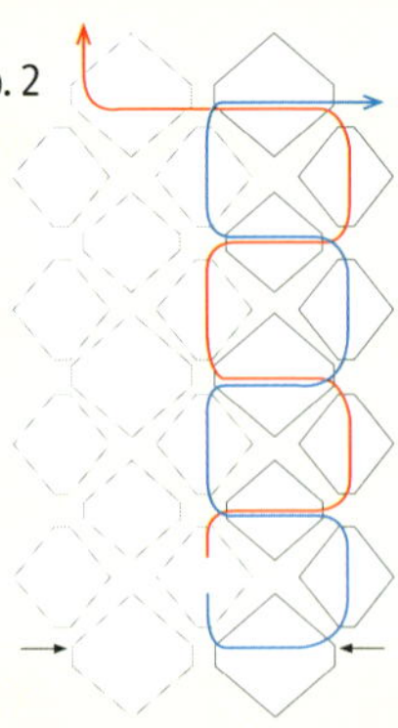

Leder-arm-band in Pastell-farben

Leder-arm-band in Rot-tönen

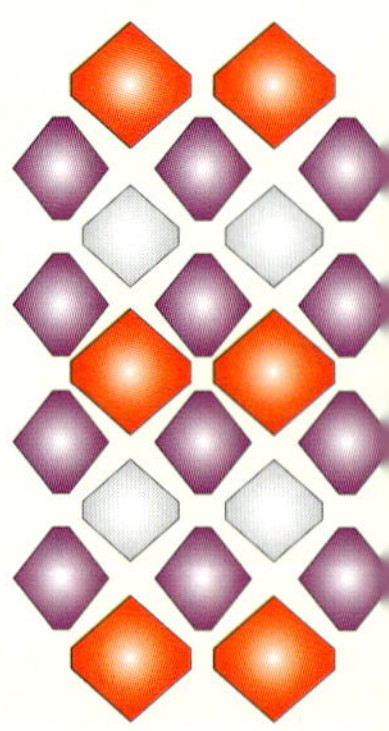

Lederarmbänder

→ lässig-elegant

1 Eine kleine Swarovski®-Perle, eine große Swarovski®-Perle und eine kleine Swarovski®-Perle auf den Faden aufnehmen und die Fäden durch eine weitere kleine Swarovski®-Perle kreuzen. Arbeit in die Mitte des Fadens ziehen.

2 Auf jeden Faden eine kleine Swarovski®-Perle aufnehmen und durch eine weitere große Swarovski®-Perle kreuzen. Auf jeden Faden eine kleine Swarovski®-Perle aufnehmen und durch eine weitere kleine Swarovski®-Perle kreuzen.

3 Auf den rot dargestellten Faden ein kleine Swarovski®-Perle und eine große Swarovski®-Perle aufnehmen und die Fäden durch eine weitere kleine Swarovski®-Perle kreuzen. So wird die Richtung gewechselt (Abb. 1).

4 Auf den äußeren, in Abb. 2 blau dargestellten Faden eine große Swarovski®-Perle und eine kleine Swarovski®-Perle aufnehmen. Die Fäden durch eine weitere kleine Swarovski®-Perle kreuzen.

5 Den inneren Faden (blau dargestellt) durch vertikale, in der Mitte liegende, kleine Swarovski®-Perlen weiterführen und auf den äußeren Faden (blau dargestellt) eine kleine Swarovski®-Perle aufnehmen. Fäden durch eine weitere große Swarovski®-Perle kreuzen. Den inneren Faden wieder durch die nächste horizontale, kleine Swarovski®-Perle weiterführen und auf den äußeren Faden eine kleine Swarovski®-Perle aufnehmen. Fäden durch eine weitere, kleine Swarovski®-Perle kreuzen. Den inneren Faden durch die nächste horizontale, kleine Swarovski®-Perle weiterführen und auf den äußeren Faden eine kleine Swarovski®-Perle aufnehmen. Die Fäden durch eine weitere große Swarovski®-Perle kreuzen. Den inneren Faden durch die daneben liegende große Swarovski®-Perle weiterführen (Abb. 2).

6 Die Fäden mit einer Nähnadel durch das Leder stechen und auf der Rückseite verknoten. Mit kleinen, fast nicht sichtbaren Stichen die Perlenarbeit auf das Lederband nähen. Die Fäden zum Schluss durch die mit Pfeil in Abb. 2 markierten, großen Swarovski®-Perlen ziehen und im Arbeitsstück verweben und verknoten (siehe Seite 4).

MATERIAL LEDERARMBAND IN PASTELLFARBEN

- 6 Swarovski®-Perlen in Ind. Türkis, ø 8 mm
- 4 Swarovski®-Perlen in Rosa Chiffon, ø 6 mm
- 12 Swarovski®-Perlen in Indigo, ø 6 mm
- Nylonfaden, ø 0,25 mm, ca. 1 m lang
- Lederarmband in Schwarz, 2,5 cm breit, 15,5 cm lang

LEDERARMBAND IN ROTTÖNEN

- 6 Swarovski®-Perlen in Klassikrot, ø 8 mm
- 4 Swarovski®-Perlen in Mondstein, ø 6 mm
- 12 Swarovski®-Perlen in Fuchsia, ø 6 mm
- Nylonfaden, ø 0,25 mm, ca. 1 m lang
- Lederarmband in Schwarz, 2,5 cm breit, 15,5 cm lang

Kleeblätter

→ Handyschmuck oder Halskette

MATERIAL PRO KLEEBLATT

- 21 Glasschliff-Oliven in Smaragd, 6 mm x 4 mm
- 4 Swarovski®-Perlen in Rosa Chiffon oder Lagune, ø 4 mm
- 4 Swarovski®-Kristall-Blüten, ø 6 mm
- Strassstein zum Aufnähen in Kristall, ø 4 mm
- Nylonfaden, ø 0,25 mm, ca. 1 m lang

ZUSÄTZLICH FÜR HANDYSCHMUCK

- 2 Quetschperlen in Silber, ø 1,8 mm

ZUSÄTZLICH FÜR KETTE

- Schmuckdraht in Silber, ø 0,4 mm, ca. 50 cm lang
- 4 Quetschperlen in Silber, ø 1,8 mm
- 2 Quetschkalotten in Silber, ø 4 mm
- 2 ovale Ringel in Silber, ø 0,8 mm
- 2 Quetschperlen in Silber, ø 1,8 mm
- Flachkarabinerschließe in Silber, ø 5 mm

Kleeblatt

1 Vier Glasschliff-Oliven aufnehmen, die Fäden durch zwei kreuzen und alles in die Mitte des Fadens ziehen (Abb. 1).

2 Die Blätter des Kleeblattes aus Glasschliff-Oliven in Kreisfädelung aufziehen (Abb. 2).

3 Auf jeden Faden eine Swarovski®-Kristall-Blüte und eine Swarovski®-Perle in Lagune oder Rosa auffädeln. Die Fäden durch den Strassstein kreuzen. Auf jeden Faden eine Swarovski®-Perle und eine Swarovski®-Kristall-Blüte aufziehen und die Fäden durch die mit Pfeil markierte Glasschliff-Olive kreuzen (Abb. 3).

Handyschmuck

1 Für den Handyschmuck einen Faden hängen lassen und den anderen durch die Glasschliff-Oliven des mittleren Quadrates weiterführen, bis dieser an der gleichen Stelle wie der andere Faden heraustritt.

2 Die Fäden mit einer Quetschperle zusammenfassen und durch Zusammendrücken ganz nahe an den Glasschliff-Oliven fixieren. Drei Glasschliff-Oliven aufziehen und einen der Fäden abschneiden. Zwei weitere Glasschliff-Oliven und eine Quetschperle aufnehmen. Mit dem Nylonfaden wieder so durch die Quetschperle zurückfädeln, dass eine ca. 4 cm bis 5 cm lange Schlaufe entsteht. Die Quetschperle fixieren. Mit dem restlichen Faden durch drei Glasschliff-Oliven zurückfädeln, dann den Faden abschneiden.

Kette

1 Für die Kette einen Faden hängen lassen und den anderen durch die Glasschliff-Oliven des mittleren Quadrates weiterführen, bis dieser an der gleichen Stelle wie der andere Faden heraustritt.

2 Die Fäden mit einer Quetschperle zusammenfassen und durch Zusammendrücken ganz nahe an den Glasschliff-Oliven fixieren. Drei Glasschliff-Oliven aufziehen und einen der Fäden abschneiden. Zwei weitere Glasschliff-Oliven und eine Quetschperle aufnehmen. Die Quetschperle fixieren und überstehenden Faden abschneiden. Schmuckdraht durch die dritte und vierte Glassschliff-Olive des Kleeblattstiels fädeln. An beiden Drahtenden eine Quetschperle fixieren. Je eine Quetschkalotte über der Quetschperle schließen. Auf einer Seite einen Ringel, auf der anderen Seite einen Ringel und in diesen wiederum die Flachkarabinerschließe einhängen.

Abb. 1

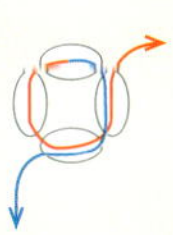

Abb. 2

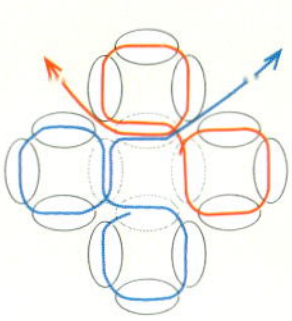

Abb. 3

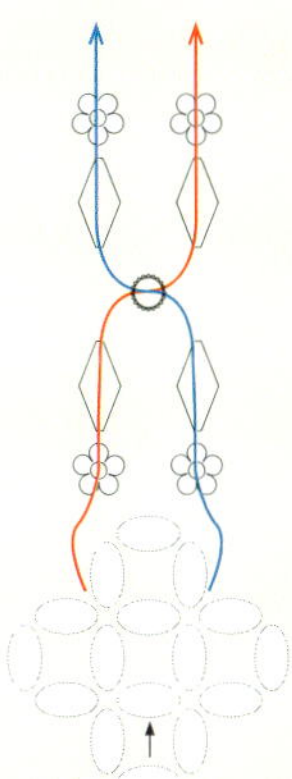

Handyschmuck

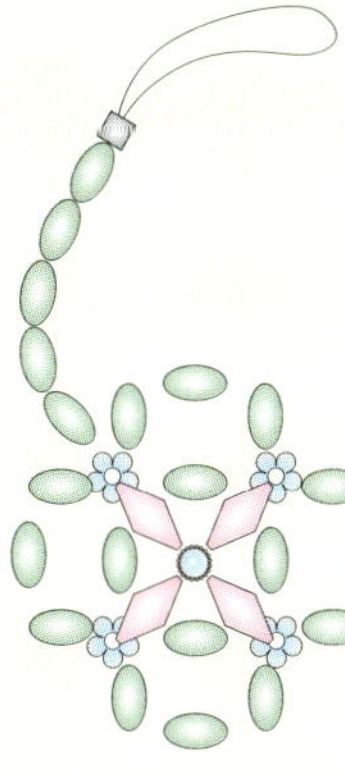

Hinweis: Für die Kette Swarovski®-Perlen in Lagune verwenden.

Blüten-Haarspangen

→ apart

MATERIAL

BLÜTE IN ROT

- 4 Swarovski®-Perlen in Fuchsia, ø 4 mm
- 35 Swarovski®-Perlen in Feuerrot, ø 4 mm
- 49 Swarovski®-Perlen in Granat, ø 4 mm
- 4 Glasschliff-Oliven in Bergkristall, 6 mm x 4 mm
- 4 Glasschliff-Radl in Bergkristall, 6 mm x 3 mm
- 4 Glasschliff-Perlen in Bergkristall, ø 3 mm
- 4 Glasschliff-Perlen in Bergkristall, ø 4 mm
- 6 Rocailles in Silber, ø 2 mm
- Nylonfaden, ø 0,25 mm, ca. 1 m lang
- Haarklemme in Silber

BLÜTE IN BLAU

- 4 Swarovski®-Perlen in Lagune, ø 4 mm
- 35 Swarovski®-Perlen in Aquamarin, ø 4 mm
- 49 Swarovski®-Perlen in Nachtblau, ø 4 mm
- 4 Glasschliff-Oliven in Jade, 6 mm x 4 mm
- 4 Glasschliff-Radl in Jade, 6 mm x 3 mm
- 4 Glasschliff-Perlen in Jade, ø 3 mm
- 4 Glasschliff-Perlen in Jade, ø 4 mm
- 6 Rocailles in Schwarz gelüstert, ø 2 mm
- Nylonfaden, ø 0,25 mm, ca. 1 m lang
- Haarklemme in Silber

1 Für das Mittelstück Glasschliff-Radl, Olive, Radl, Olive, Radl, Olive, Radl aufziehen, Fäden durch eine weitere Olive kreuzen. Arbeit in die Mitte des Fadens ziehen.

2 Auf jeden Faden eine kleine Glasschliff-Perle aufnehmen und die Fäden durch eine große Glasschliff-Perle kreuzen. Auf jeden Faden eine große Glasschliff-Perle aufnehmen und die Fäden durch eine weitere große Glasschliff-Perle kreuzen.

3 Auf jeden Faden eine kleine Glasschliff-Perle aufnehmen und die Fäden durch die mit Pfeil markierte Glasschliff-Olive kreuzen (Abb. 1).

4 Von der Glasschliff-Olive ausgehend wieder durch die kleinen Glasschliff-Perlen nach oben fädeln und die Fäden in der dazwischen liegenden Glasschliff-Perle kreuzen. Auf jeden Faden eine fuchsiafarbene bzw. lagunefarbene Swarovski®-Perle aufnehmen und durch eine Rocaille kreuzen. Wieder auf jeden Faden eine Swarovski®-Perle aufnehmen und durch die mit Pfeil markierte Glasschliff-Perle kreuzen (Abb. 2).

5 Die Blütenblätter gemäß Abbildung 3 ausarbeiten.

6 Den übrig gebliebenen Nylonfaden zur Stabilisierung möglichst lange im Arbeitsstück verweben (siehe auch Seite 4). Dann verknoten und abschneiden.

7 Die Blüte mit Schmuckkleber auf der Haarklemme befestigen. Klebehinweise auf Seite 3 beachten.

Abb. 1

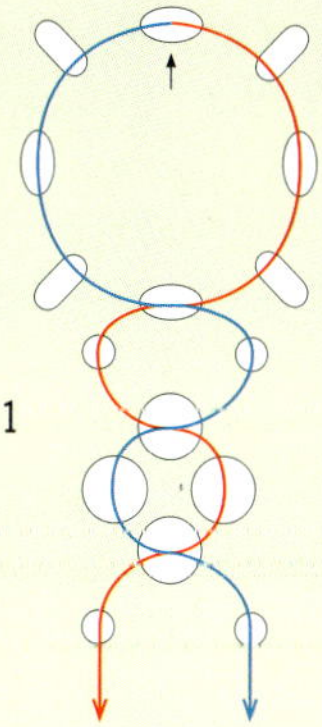

Abb. 2

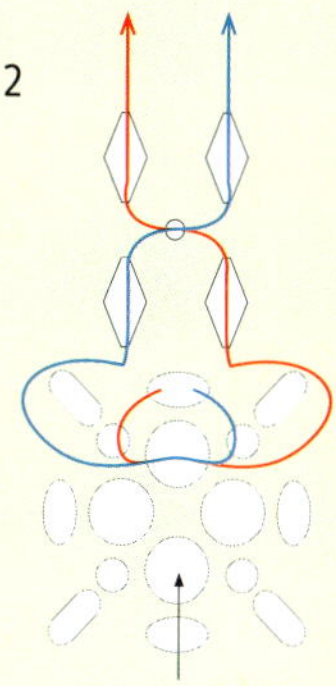

Abb. 3

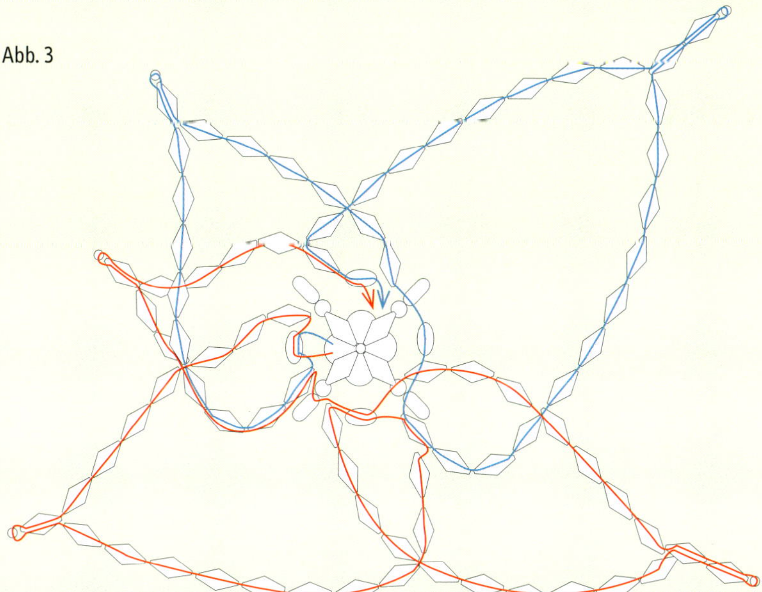

WEITERFÜHRUNG

Blüten-Haarspangen

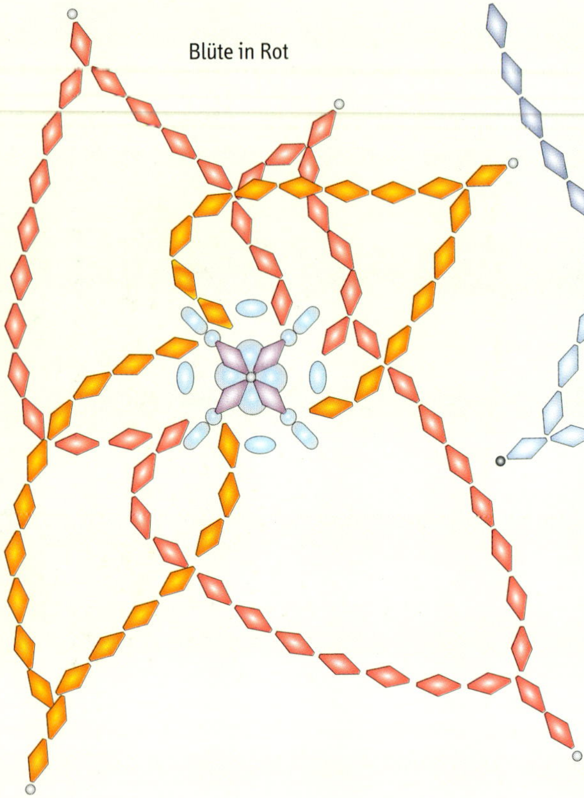

Blüte in Rot

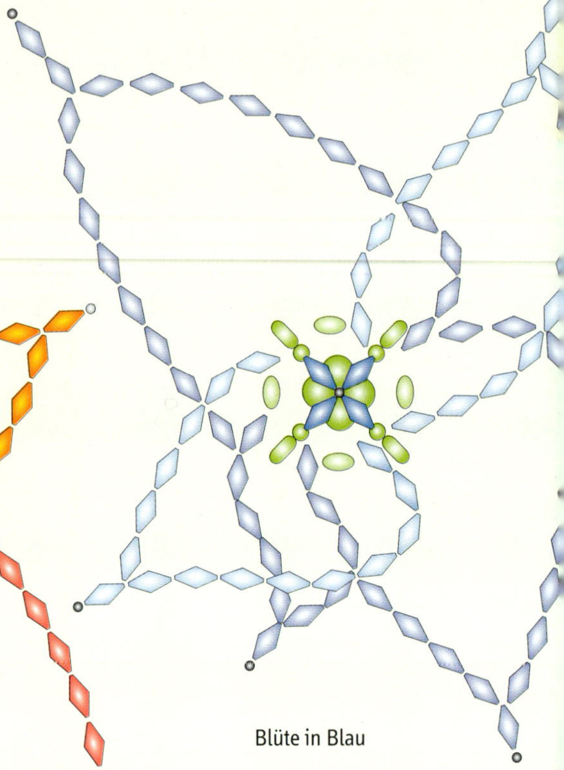

Blüte in Blau

IMPRESSUM

Wir danken der Firma Rayher Hobby GmbH, Laupheim, für die freundliche Unterstützung.

FOTOS: frechverlag GmbH, 70499 Stuttgart; Fotostudio Ullrich & Co., Renningen
DRUCK: frechdruck GmbH, 70499 Stuttgart

Auflage: 5. 4. 3. 2. 1.
Jahr: 2009 2008 2007 2006 2005 [Letzte Zahlen maßgebend]

ISBN 3-7724-3372-3
Best.-Nr. 3372